AF260303

EXTRAIT

DE LA DÉFENSE

DES ÉMIGRÉS FRANÇAIS,

ADRESSÉE AU PEUPLE FRANÇAIS

Par Trophime-Gérard de LALLY-TOLENDAL,
EN 1797.

Édition de Paris, an V — 1797, deuxième partie, depuis la page 116 jusqu'à la page 138.

A PARIS,

DE L'IMPRIMERIE DE FIRMIN DIDOT,

IMPRIMEUR DU ROI, ET DE L'INSTITUT, RUE JACOB, N° 24.

1819.

EXTRAIT

DE LA DÉFENSE

DES ÉMIGRÉS FRANÇAIS,

Adressée au Peuple français par Trophime-Gérard de LALLY-TOLENDAL, *en 1797, 2ᵉ partie, pages 116 et suivantes.*

Peuple français, j'arrive à une autre vérité capitale, sur laquelle j'appellerai plus que jamais toutes les facultés de votre attention. Il est une base fondamentale tout aussi nécessaire à la *morale publique*, que cette morale elle-même est indispensable pour les magistrats du peuple et pour un état républicain.

On a cité à l'Assemblée nationale de 1789 le mot énergique de Plutarque : « Qu'on bâti-« rait plutôt une ville dans l'air, qu'on n'éta-« blirait une cité sans religion. » Et Plutarque et ceux qui l'invoquaient ont paru ridicules à la faction qui dominait alors. O! que de mortelles angoisses ont expié ces rires insensés! Que de membres infortunés de cette faction, qui renferma autant d'aveugles que de coupables, soit dans les agonies de leurs terreurs, lorsque le pas d'un homme et le bruit d'une feuille glaçaient leur sang, soit sur l'échafaud, déja penchés sous l'axe fatal, se sont maudits intérieurement d'avoir rendu impuissants ceux qui voulaient les défendre d'eux-mêmes, tandis qu'ils avaient tout-à-la-fois armé le bras et affranchi la conscience de leurs propres assassins!

« Otez la religion à l'homme, disait Cicéron, « et sa vie n'est plus que trouble, ses institu- « tions ne sont plus que désordre (1). — Faites « disparaître la piété envers les dieux, disait-il « encore, aussitôt et la bonne foi, et la société « du genre humain, et cette vertu qui est uni- « verselle, cette vertu, qui est la vertu par ex- « cellence, LA JUSTICE, vont disparaître avec « elle (2). »

---

(1) « Sanctitatem.... religionem.... quibus sublatis perturbatio vitæ sequitur et magna confusio. » De Natur. Deor.

(2) « Atque haud scio an, pietate adversus deos sublatâ, fides etiam et societas humani generis, et una excellentissima virtus JUSTITIA tollatur. » De Natur. Deor.

Aimez-vous mieux consulter vos orateurs chéris ? Interrogez Mably : il vous dira « qu'il « ne croit pas à l'empire des *bonnes mœurs* là « où l'on n'aura que des hommes pour magis- « trats ; là où les magistrats et les citoyens ne « seront pas persuadés de cette vérité impor- « tante d'une providence qui gouverne le monde, « qui voit les mouvements les plus secrets de « notre ame, qui punira le vice et récompensera « la vertu dans une autre vie (1). » Interrogez Jean-Jacques. A l'instant même où il ouvre un champ sans bornes aux volontés, aux caprices de la multitude, Rousseau, fanatique dans les deux sens, et ne sachant plus comment faire pour que la force du frein soit en raison de l'excès de la licence, non-seulement veut *une religion civile* qui place toujours l'homme en présence de cette *importante vérité* ; non-seu- lement veut que le souverain puisse imposer à chaque individu *une profession de foi* et *en fixer les articles*, mais il déclare *quiconque ne les croit pas, incapable d'être bon citoyen ni sujet fidèle* ; il le condamne au *bannissement comme* INSOCIABLE ; et *ceux qui, après avoir reconnu publiquement ces mêmes dogmes, se conduiraient*

---

(1) Troisième entretien de PHOCION.

comme n'y croyant pas, il veut *qu'ils soient punis de mort* (1)!

Peut-être serez-vous plus frappés encore, en recevant cette grande leçon d'un personnage qui aujourd'hui est L'HOMME DU SIÈCLE, qui a fondé treize républiques dans une seule, qui les a le premier gouvernées; et qui successivement général, législateur, et magistrat suprême, a donné un glorieux démenti au machiavélisme, en n'ayant pas fait dans sa triple carrière un seul pas que la vertu n'ait réglé, et en ayant obtenu dans chacune tous les succès que la fortune peut prodiguer. Républicains français, écoutez le président des États-Unis de l'Amérique; prenez ce testament de Washington, que les Américains, s'ils en sont dignes, conserveront comme les Hébreux conservèrent les tables de Moïse; lisez ce passage que je transcris avec un respect partagé entre les vérités saintes qu'il renferme, et la main vénérable qui les a tracées.

« LA RELIGION et LA MORALE sont l'*indispen-* « *sable* appui des dispositions et des habitudes « salutaires d'où découle la prospérité des em- « pires. En vain attesterait-on son patriotisme, « si l'on travaille à faire crouler ces deux puis-

---

(1) CONTRAT-SOCIAL, liv. 4, chap. 8.

« santes colonnes de la félicité du genre humain,
« ces deux étais les plus solides des devoirs de
« l'homme et du citoyen.... Où sera *le respect*
« *des propriétés, de l'honneur et de la vie d'au-*
« *trui*, si vous les faites disparaître ? Quels guides
« resteront *aux tribunaux* pour découvrir la vé-
« rité, *si les serments sont dépouillés d'un carac-*
« *tère sacré ?* Je veux bien, par un effort d'in-
« dulgence, supposer que la probité puisse se
« maintenir sans le secours de la religion ; mais,
« quelle que soit, à cet égard, sur un petit
« nombre d'individus, l'influence d'un naturel
« heureux et d'une bonne éducation, l'expé-
« rience et la raison ne permettent pas d'espérer
« que *la morale* d'une nation considérée en
« masse soit susceptible de s'épurer isolément
« et avec l'exclusion des principes *religieux*. —
« Il est rigoureusement vrai que la vertu et
« les moeurs sont le mobile d'un gouvernement
« populaire.... Quel est donc l'ami de son pays
« qui verrait avec indifférence sapper ces fon-
« dements de l'édifice (1) ? »

Français, j'insiste sur cette vérité parce que
j'en suis rempli. Je n'ai pas cru qu'auprès de
ceux qui la combattent mon témoignage pût
avoir le poids de tous ces témoignages étran-

----

(1) Adresse du général Washington au peuple des États-
Unis.

gers : mais je ne vous ai pas encore offert l'argument le plus fort. Toute vérité de ce genre n'est-elle donc pas affaiblie toutes les fois que pour la prouver nous sortons de nous-mêmes ? Quand la folie, armée de flambeaux et de poignards, a plané cinq ans entiers sur nos têtes, menaçant toutes celles qu'elle n'abattait pas ; quand les gémissements des victimes sont encore dans nos oreilles et dans nos âmes ; quand vous, républicains vertueux, ne pouvez faire un pas sur la terre que vous habitez, sans craindre de peser sur des cendres innocentes que toutes vos douleurs ne peuvent ranimer ! quand cet amas de calamités est le produit de trois législatures, qui ont voulu d'abord secouer et bientôt briser tous les freins de la morale et de la religion ; qui toutes frémissent aujourd'hui de leur ouvrage ; qui toutes ont eu dans leur sein des hommes moraux et religieux ; qui maintenant pleurent de ne les avoir pas écoutés ; qui alors les ont renversés devant elles et ont fait passer sur eux le char exterminateur d'où elles allaient répandre la mort sur tout un peuple ; à quoi bon des avertissements du dehors pour celui que de tels tableaux environnent, et que de tels sentiments consument (1) ? Pour apprendre nos devoirs et con-

______

(1) *Que sont les leçons de l'histoire auprès de nos ruines ?*

naître nos besoins, nous n'avons qu'à considérer les tyrans et les victimes qui ont couvert le sol de notre malheureuse patrie.

Les uns ont besoin de crime pour usurper le pouvoir ; ils cherchent un moyen d'éteindre toutes les consciences , et ils vont écrire sur les portes de la mort : *Sommeil éternel.* Mais à peine tiennent-ils ce pouvoir, qu'ils courent sonner le réveil au milieu des tombeaux, rendre à l'ame son immortalité, proclamer ce dieu rémunérateur et vengeur que l'aiguillon de leurs remords leur atteste à eux-mêmes , autant que l'intérêt de leur ambition les presse de le persuader à ceux qu'ils veulent gouverner.

Et quant aux victimes, voyez la mort de Louis XVI, celle de sa famille, celle de ses fidèles amis. Entendez des hommes aussi éloquents que Cicéron s'écrier avec lui : « Un cœur « déchiré, une catastrophe violente, les coups « redoublés de l'injustice et l'écrasant fardeau « du malheur, voila ce qui m'a ramené à ces « vérités. J'ai cru en elles, parce que j'ai obtenu

----

a dit, il y a déja long-temps, un de ces hommes que la providence paraît avoir conservés en France, pour les y revêtir du plus saint des sacerdoces, et pour confier à leur génie, autant qu'à leur morale, la garde d'une étincelle sacrée de justice et d'humanité.

« d'elles une consolation que j'avais inutilement
« cherchée ailleurs (1). »

Posons donc pour vérité incontestable, pour
fondement et pour faîte de l'édifice social, la
nécessité d'une *religion*, nécessité plus pressante
encore pour le genre de gouvernement dont la
seule garantie est *la morale*; nécessité qui, en
admettant la tolérance de tous les cultes, impose
un *culte national*. Le culte privé peut ne présen-
ter que la faiblesse de l'individu qui cherche un
appui : mais ce qui importe, c'est que les *mœurs
publiques* aient un régulateur connu, c'est que
la puissance publique se montre soumise à la
puissance qui ne connaît ni bornes, ni injustice, ni erreur. Ce qui importe, c'est que la
force des hommes se prosterne devant la justice
du ciel, croie à sa surveillance, obéisse à ses
préceptes, espère en ses récompenses, et re-
doute ses châtiments. Or, tous ces grands ob-
jets ne peuvent être remplis que par un *culte
national*.

---

(1) « Hortata est ut me ad hæc conferrem animi ægritudo
fortunæ magnâ et gravi commotâ injuriâ; cujus si majorem
aliquam levationem reperire potuissem, non ad hanc potis-
simum confugissem. » De Nat. Deor.

Cherchons maintenant si la république française est bien près de posséder cet *indispensable appui*, ces *solides étais*, ce *mobile unique du gouvernement populaire* !

Tel avait été, depuis vos troubles, l'abrutissement impie qui, de jour eu jour, avait marqué davantage toutes vos institutions publiques, qu'à la lecture de votre dernier acte constitutionnel j'y ai loué la *non-exclusion* des cultes privés, *la même* protection accordée à tous indifféremment, la simple prononciation du nom de *l'être suprême*, et la citation de deux maximes, dérobées peut-être bien plus qu'empruntées à la loi évangélique des chrétiens.

Et bien ! même ces textes équivoques de mes éloges indulgents, ils se sont effacés, ils ont disparu, lorsque j'ai cherché l'application qui en avait été faite dans la pratique.

Au moins l'examen m'a-t-il fait rencontrer des résulats absolument contraires, entre lesquels presque toujours le bien appartenait à l'action privée des citoyens, et le mal à l'action du gouvernement.

Ainsi des temples ont été rouverts par le zèle religieux des citoyens, tandis que d'autres ont été fermés ou profanés par des actes impies du gouvernement.

Ainsi des pasteurs ont été réclamés, rétablis,

défendus par leur troupeau : le gouvernement repousse encore les prêtres déportés ; il retient encore dans les fers les 20 mille prisonniers, dont je voudrais reproduire le tableau à chaque minute.

Et dans ce moment, qui fait marcher vers la capitale du monde chrétien les cohortes du directoire français? Qui a ordonné à ce jeune conquérant de souiller sa gloire, en tournant ses armes contre un pontife octogénaire, toujours inoffensif, toujours paternel, même envers ceux qui s'étaient faits ses ennemis (1); coupable uniquement d'avoir voulu défendre le patrimoine confié à son administration, et de s'être résigné au martyre pour les vérités commises à sa garde?

D'où est venu, dans la paix prétendue qu'on

---

(1) Des républicains français, naufragés sur les côtes du pape, y ont été comblés de tous les soins de la plus prodigue hospitalité. Par la dernière correspondance interceptée, on a vu que le pape se refusait à déclarer la guerre qu'on lui faisait *une guerre de religion*. Il n'y a pas une seule bulle fulminée contre la république française. Jamais conduite ne fut plus innocente, plus douce, plus sage, et cependant plus noble que celle de Pie VI. Jamais aggression ne fut plus injuste, plus cruelle, plus aveugle et plus vile, que celle dont il est l'auguste victime.

lui a offerte, cet artifice aussi maladroit qu'o-
dieux de mêler à des concessions que la nécessité arracherait au souverain, des désaveux
que la religion interdit au pontife?

On a dit que, comme le trône avait été noyé
dans le sang des rois, il s'agissait maintenant
de noyer l'autel dans le sang du prince des
prêtres. Je me refuse à cette horrible idée,
quoiqu'elle soit venue frapper de terreur au
milieu de vous un républicain que sa *morale*
distingue autant que son talent (1); cependant
où va-t-on, et que veut-on? car je n'entends pas
ce que signifient des phrases de *respect pour la
religion*, quand sur sa route on dépouille les
autels.

Une fois entrés dans cette ville sacrée, où
pourront-ils faire un pas sans y rencontrer leur
condamnation?

Est-ce la Rome nouvelle qu'ils prétendent
insulter jusques dans le sanctuaire de son dieu?
Elle leur dira : « La religion dont le siége est
dans mes murs civilisa autrefois vos ancêtres:
de barbares qu'ils étaient, elle en fit des hommes;
vous l'avez détruite, et vous voilà déchus de
l'humanité, et tombés dans une barbarie pire
que celle d'où elle tira vos pères. »

____

(1) M. Quatremer.

Iront-ils sur le Capitole évoquer l'ombre de l'ancïenne Rome ? Elle reculera d'horreur à leur aspect; elle leur dira d'une voix tonnante : « Quand je fus républicaine, libre et vertueuse, j'eus un tel respect pour les liens qui unissent l'homme à sa terre natale, que je proclamai solennellement l'impossibilité de les rompre par aucune force étrangère à sa volonté. Ce fut un axiôme de ma législation que *le peuple tout entier ne pouvait pas priver un individu romain de son droit de cité* (1). Sylla, tout terrible et tout despote qu'il était, Sylla vainqueur au nom de la république, put passer au fil de l'épée quatre légions prisonnières, et il voulut en vain enlever le caractère de citoyens Romains aux habitants de *Volterre*, qui dans ce même instant portaient les armes contre lui (2). Cicéron, proscrit pendant qu'il était absent, Cicéron mis hors de la loi, dépouillé de ses biens par deux consuls catilinaires qui se les étaient partagés, revint, aux acclamations de toute la

---

(1) « Civitatem nemo ullo unquam populi jussu amittet invitus. » Cicero pro Domo suâ.

(2) Hanc verò *Volaterranis, cum etiàm tunc essent armis,* L. Sylla victor republicâ recuperatâ, comitiis eripere non potuit. » Cicero pro Domo suâ.

république, dire à sa patrie qu'il n'avait pas pu être séparé d'avec elle ; qu'il n'avait été ni assigné, ni interrogé, ni jugé (1) ; que même en le jugeant on n'aurait pas eu le droit de le condamner à l'exil ; que là où la *cité* pouvait être ravie, la *liberté* ne pouvait être conservée (2) ; qu'enfin *ni la violence des temps, ni le pouvoir des magistrats, ni l'autorité de la chose jugée, ni l'universalité, ni la toute puissance du peuple romain, ne pouvaient ébranler cette loi fondamentale : Que* NUL NE PEUT ÊTRE PRIVÉ DE SA PATRIE CONTRE SA VOLONTÉ (3). Et Cicéron fut reporté en triomphe dans sa maison confisquée, et le sénat remercia par un décret les villes étrangères qui l'avaient refugié pendant sa proscription. Français, voilà ce que Rome appellait la liberté. Généraux de cette nouvelle répu-

---

(1) « Quis me unquàm ullâ lege interrogavit ? Quis postulavit ? Quis diem dixit ? Potest igitur damnati pœnam sustinere indemnatus ? » Cicero pro Domo suâ.

(2) « Si semel civitas adimi potest, retineri libertas non potest. » Cicero, pro A. Cœcinâ.

(3) « Majores nostri de *civitate et libertate* hæc jura sanxerunt, quæ nec vis temporum, nec potentia magistratuum, nec res tum judicata, nec denique universi populi romani potestas, quæ cæteris rebus est maxima, labefactare possit. » Cicero pro Doma suâ.

blique, vos maîtres se sont mépris : c'est à la roche Tarpéienne et non sur le Capitole qu'est la récompense de leurs exploits. »

Je cherche quelles réponses pourraient faire ces généraux, et j'en trouve une qui me fait frémir : celle de Brennus ; quand il pesait avec de faux poids l'or des contributions qu'il avait imposées : *Douleur aux vaincus !*

Le terrible *Attila* en fit une toute contraire, lorsque le grand Léon lui fit éprouver le respect et connaître l'humanité. Le *Fléau de dieu* se détourna de sa cité à la voix de son pontife, et Rome resta debout au milieu des ruines de l'Italie. Bientôt la même vertu, qui avait vaincu *Attila* aux portes de Rome, désarma *Genseric* dans ses murs. Nous verrons si les généraux des Français se laisseront vaincre en générosité par ces chefs de *Huns* et de *Vandales*.

Peuple, je me suis demandé plus d'une fois quel motif secret avait donc pu susciter, et sur-tout pouvait entretenir aujourd'hui cet esprit de persécution, cet acharnement destructeur contre la religion de vos pères.

Ce ne sont pas des motifs politiques. Qui peut ignorer qu'une fois un gouvernement institué, cette religion ou s'y soumet comme à la volonté du ciel, ou lui prête son secours pour le bonheur des hommes? Qui peut ignorer que dans la doctrine de cette religion celui-là serait impie, qui soutiendrait qu'elle n'est descendue sur la terre que pour les sujets d'une seule forme de gouvernement? L'évangile a été apporté à tous les hommes, et à tous les peuples, *aux Romains et aux Juifs, aux Parthes et aux Elamithes, aux Crétois et aux Arabes* (1). L'évangile a vu les sociétés humaines changer de face, leurs institutions rouler l'une sur l'autre dans l'abyme des temps; et à travers dix-sept siècles il est arrivé jusqu'à nous dans sa pureté primitive. La *Suisse* a supporté impatiemment les ministres tyranniques d'une monarchie éloignée : elle s'est faite république, et est demeurée chrétienne. *Florence* s'est lassée d'être une république orageuse et ensanglantée, elle a cherché salut et repos dans le gouvernement d'un seul, et en changeant ses lois elle a gardé sa foi. J'avoue que j'ai été long-temps à comprendre comment dans vos conseils, les hommes qui veulent sincèrement la république, et qui croient *de bonne foi* à son établissement, ne s'empressent pas de la consolider par l'heureuse union, par l'indestructible ciment des *lois*, de la *morale*, et de la *religion*, confondues.

____

(1). « Romani et Judæi; Parthi et Elamithæ; Cretes et Arabes. » Act. Apost.

Mais c'est que cette même religion, qui s'allie avec tout ce qui est un vrai *gouvernement*, avec tout ce qui peut s'appeler une véritable *loi*, avec tout ce qu'on connaît sous le nom de *bonnes mœurs*, est en effet incompatible avec le *crime*, avec le larcin et l'assassinat, avec le parjure et la calomnie, avec des serments de haine et des réjouissances de meurtres. Ainsi nous retrouvons par-tout ce ferment corrupteur, ce germe pestilentiel, inhérents à l'œuvre de sang et de rapine. Ainsi la république française, tant qu'elle n'en aura pas détruit jusqu'à la trace, ne pourra pas sortir du cercle vicieux qui la condamnera tour-à-tour à n'avoir pas de religion faute de morale, puis à n'avoir pas de morale faute de religion; et ce sera là ce qui constituera ses *mœurs publiques*.

Et quel doit être enfin le dernier terme de la progression nécessaire d'une telle corruption?

Peuple français, frémissez, mais écoutez.

Le dernier terme c'est que, si votre *morale individuelle* ne triomphe pas de *l'immoralité publique*, celle-ci triomphera de l'autre.

Le dernier terme, c'est que les meilleurs d'entre vos gouvernants se croient chaque jour dans la nécessité de payer encore un tribut à la tyrannie, à l'injustice, à l'immoralité, cherchant à fléchir ce qu'ils désespèrent de vaincre. Or, si cette nécessité ne cesse pas promptement, il arrivera de deux choses l'une : ou l'habitude du vice deviendra pour eux une nature, et vous aurez des oppresseurs de plus; ou il leur deviendra impossible de supporter des fonctions, dans lesquelles il leur faudra sans cesse briser leur conscience, et vous n'aurez plus de défenseurs.

Le dernier terme, etc., etc.

N. B. Nous espérons que M. le marquis de Lally ne peut se méprendre au motif des éditeurs lorsqu'ils font réimprimer, dans la circonstance présente, un des passages de ses écrits qui ont le plus satisfait les amis de la *religion* et de la *morale.* Celui qui adressait un pareil langage au peuple français en 1797, n'en parlera sûrement pas un autre à la chambre des pairs de France en 1819.